Annika Brauer

Liebestrauma

Wenn Gewalt die Liebe bestimmt

www.tredition.de

Verlag und Druck: tredition GmbH, Halenreie 40-44, 22359 Hamburg

ISBN

Paperback: 978-3-347-04751-8

Hardcover: 978-3-347-04752-5

e-Book: 978-3-347-04753-2

www.tredition.de

Dieses Buch ist geschrieben worden, um einerseits den Menschen aufzuzeigen, wie das Leben mit einer dissoziativen Identitätsstörung aussehen kann und auch, um Hilfestellung zu geben, wenn es zu Gewalt in einer Beziehung kommt. Das Buch beruht auf einer wahren Begebenheit, wobei alle Namen und Orte abgeändert wurden und die Personen lediglich als Abbild der Geschehnisse fungieren, ohne direkt die Situationen wiederzugeben.

Inhaltsverzeichnis

Vorwort

Die dissoziative Identitätsstörung ist eine psychische Erkrankung, bei der sich die Seele der Hauptpersönlichkeit durch schwere frühkindliche Traumatisierung aufspaltet. So entstehen mehrere Persönlichkeiten, genannt Anteile, die eine eigene Wahrnehmung, ein eigenes Gedächtnis und auch eigene Vorlieben und ähnliches innehaben. In der Therapie wird gelernt, Kontakt zu den anderen Anteilen aufzunehmen, da nicht jeder Anteil die anderen Persönlichkeiten kennt und außerdem wird erlernt, Absprachen zu treffen und zusammen ein normales Leben führen zu können.

Ich selbst bin Anteil eines Systems von um die 20 Persönlichkeiten und hatte das Glück keine Kindheitstraumata zu meiner persönlichen Erinnerung zu zählen, sondern war da, um nach außen hin Normalität erscheinen zu lassen. Als der Körper 18 Jahre alt war, erlitt allerdings auch ich ein Trauma, welches ich durch dieses Werk aufarbeiten wollte. Meine Hoffnung ist, anderen, die solche Gewalt erleben, die Kraft und den Mut zu geben, aus solchen Kontakten auszubrechen und die Täter als solche anzuerkennen und die Verbindung aufzutrennen.

<u>Zuvor</u>

,, **W**ann wirst du in etwa wiederkommen?", fragte meine Mutter

mich. ,,Ich bin noch nicht ganz sicher, ob ich sieben oder zehn Tage bleibe.", entgegnete ich ihr, während ich meine Sachen packte. Ich war ganz aufgeregt, schließlich fuhr ich zwei Stunden mit dem Auto, um meinen Freund zu besuchen. Sie verließ das Zimmer, es gefiel ihr eindeutig nicht, dass ich für einige Tage zu Luke fuhr, allerdings wussten wir beide, dass sie es mir nicht verbieten könnte, schließlich war ich bereits 19. Na gut, physisch war ich 18, aber auch dieses Alter würde genügen, mir das nicht verbieten zu können.

Wie es kommt, dass ich 19, der Körper aber 18 Jahre alt war? Das ist schnell zu erklären, wenn auch schwierig zu verstehen. Ich bin ein Anteil von Vielen, Teil einer Erkrankung, wenn man so möchte. Bei dieser Erkrankung handelt es sich um die Dissozlative Identitätsstörung. Ich bin schon immer 19. Auch als der Körper noch nicht alles allein als eigenständige Person leben und handeln konnte, war ich bereits 19. So zu sagen bin ich mit 19 geboren und höchstwahrscheinlich werde ich wohl auch mit 19 sterben, wenn der Körper meinetwegen auch 80 oder so wird.

Nun aber zurück zur Geschichte. Ganz aufgeregt packte ich meine Sachen zusammen, bereits in Gedanken an meinem Ziel angekommen. Die Mutter Anne (eigentlich benannte ich sie immer beim Vornamen, denn „Mama" war sie nicht, jedoch führte das bei vermeintlich Gleichaltrigen häufiger zu Verwirrungen, weshalb ich jedwede Bezeichnung im Alltag umgehe) war noch immer sehr überrascht, dass das mit Luke scheinbar so ein plötzliches Interesse war. Dahingehend verständlich, dass sie nicht weiß, dass ich im Prinzip nicht ihre Tochter bin, sondern lediglich in diesem Körper wohne. Im Gegensatz zu Lara (der Körperbesitzerin) fand ich Luke bereits von Anfang an großartig. Noch als der Körper vielleicht 9 Jahre alt war, hatte ich Schmetterlinge im Bauch, wenn ich ihn sah. Er war mittlerweile 25 Jahre, also ganze Sieben Jahre älter als der Körper und Sechs Jahre älter als ich. Aber ich empfand mich durchaus als reif genug für ihn. Früher wohnte er mit dem Auto lediglich 10 Minuten entfernt bis er für seine Ausbildung nach Augsburg zog. Wir trafen uns in den letzten Monaten immer hier bei uns im Dorf, wenn er seine Eltern besuchte; da ich nun aber alt genug war, allein mit dem Auto zu fahren, würden wir uns bei ihm treffen und ich könnte einige Tage bis fast zwei Wochen bei ihm übernachten. Ich vermisste ihn, war ich doch bis vor einigen Tagen erst noch auf Korsika mit der Schule, wo ich meinen Mitschülerinnen von ihm vorschwärmte und sagte, wir seien schon seit 1,5 Monaten zusammen. Auch dies führte zunächst zu Verwirrungen, da Lara dahingehend natürlich nichts gesagt hatte, schließlich wusste sie es auch nicht und hatte glücklicherweise auch keinerlei Interesse an ihm. Im Gegenteil fand sie ihn dumm und nervig, was wohl auch zu Annes Verwunderung geführt hatte.

Wie dem auch sei, ich packte die hübschesten Sachen zusammen und konnte die Abfahrt in Zwei Tagen kaum abwarten. Um es für mich leichter zu machen, stellte ich im Außen lediglich noch die CDs für die Fahrt zusammen und versteckte mich solange im Innen und gab mich meinen Träumen hin....

Der Beginn

Nun war es also soweit, ich hatte alles bereits ins Auto geladen, mit den Eltern noch durchgesprochen, dass ich mich bei Pausen und natürlich der Ankunft melden würde und konnte mich nach dem Mittagessen endlich auf den Weg machen. Ganz aufgeregt fuhr ich los, es war die längste Autofahrt, die ich je als Fahrer bestritten hatte und dann auch noch allein. In Gedanken war ich allerdings bereits da, was die Zeit verfliegen ließ.

Nach drei Stunden kam ich an, fand tatsächlich auch einen Parkplatz, der nicht kostenpflichtig war und machte mich auf die Suche nach der Adresse. Das gestaltete sich nicht allzu einfach, wusste ich doch nicht, dass das Haus beziehungsweise das Wohnheim sehr versteckt war.

Ich lief auf und ab und suchte und suchte. Telefonisch erreichte ich ihn auch einfach nicht, aber womöglich machte er auch noch Überstunden oder so. Beinahe fing ich an zu weinen und fühlte mich so extrem klein in dieser großen Stadt. Kaum zeigte sich ein wenig Schwäche bei mir, hörte ich auch schon Violetta in meinem Kopf tosen, dass ich einfach umdrehen und den dreckigen Mistkerl vergessen solle und er die Mühe nicht wert sei.

Violetta ist ebenfalls eine von uns. Sie ist häufig sehr aufbrausend, misstrauisch und hält absolut nichts von Beziehungen und Körperkontakt. Da ich in etwa um ihre Entstehungsgeschichte weiß, kann ich das auch durchaus verstehen, aber ich ärgerte mich, dass sie nicht mal ansatzweise versuchte, meine Gefühle nachzuempfinden. Damals war sie 17 und wenn sie eine Meinung hatte, dann stand die fest und sie war gegen jeden, der diese nicht teilte, egal, wie offensichtlich sie falsch lag. Beispielsweise experimentierte sie gerne mit Medikamenten und Alkohol und meinte, dass es nicht so schädlich sei, wenn man es nicht regelmäßig tat. Oder sie aß nie, fand das aber in Ordnung, da sie ja immerhin bereits 13 Jahre ohne jegliche Nahrung überlebt hatte. Das tiefere Verständnis, dass andere im Außen quasi für sie mitessen hatte sie nicht. Wir hatten sehr oft Streit, konnte uns aber kaum aus dem Weg gehen, da wir die hauptsächlichen Akteure im Außen waren. Lara war in den letzten Jahren kaum da gewesen und wenn dann nur in der Schule.

Nach einer halben Stunde rief Luke mich dann an, beschrieb mir den Weg zu einer Haltestelle und holte mich dort ab. Ich war also endlich da.

Der erste Abend war wunderschön, wir redeten viel, aßen Pizza, schauten später einen Film und kuschelten dabei. Ich bemerkte, dass er die Augen nicht von mir lassen konnte und immer, wenn er mich ansah ein leichtes Lächeln seine Lippen umspielte. Jedes Mal, wenn ich dieses Lächeln sah, kribbelte es in meinem Bauch und ich sah ihn auch so gerne an. In seinen blauen Augen verlor ich mich regelrecht wieder und wieder. Nach dem Film - ich weiß gar nicht mehr, welcher es war - wollte er gerne schlafen gehen, da er am nächsten Tag zur Arbeit musste. Er machte eine Ausbildung als Krankenpfleger und war zu der Zeit in einer Psychiatrie eingesetzt. Ehrlich gesagt, hatte ich bereits zuvor davon geträumt in seinen Armen einzuschlafen, mich an ihn zu kuscheln bis er schließlich doch irgendwann aufstehen musste. Aufgrund dieser Vorstellung fand ich es gar nicht schlimm, recht früh ins Bett zu gehen.

Wir zogen uns also beide um und waren bettfertig, als ich aber zu ihm ins Bett steigen wollte, schaute er mich skeptisch an und meinte nur: ,,Kannst du nicht auf deine eigene Luftmatratze gehen? Im Gegensatz zu dir muss ich morgen etwas tun und brauche meinen Schlaf." Völlig irritiert über seine Wortwahl und den aggressiven Unterton blieb ich einfach wortlos stehen. Er schien meine Überraschung zu bemerken, zog mich an sich, küsste mich und flüsterte mir zu: ,, Meine Schöne, es tut mir so leid, aber ich möchte dich nicht unnötig wachhalten oder gar morgen so früh wecken, deshalb ist es wahrscheinlich besser, wenn du nicht mit mir in dem Bett schläfst, sondern dich auf die Luftmatratze legst. Ja?" - ,, Ich würde aber gerne bei dir bleiben, ist mir egal, ob ich morgen früh von dir wachwerde oder es die Nacht etwas enger wird.", ich lächelte ihn an. Er drückte meine Handgelenke recht fest und meinte nach einem tiefen durchatmen mit lieblicher Stimme:,, Mein Schatz, wirklich, es täte mir weh, dir das zu zumuten. Komm ich helfe dir noch dein Bett aufzuschlagen." Als ich gerade widersprechen wollte, zog er mich auch schon hinter sich her. Ich war erschrocken, wie grob er war, so kannte ich ihn nicht. Er registrierte meinen Schock, ließ los und mit den Worten:,, Bitte, ich möchte doch nur das Beste für Dich." schenkte er mir erneut sein wunderschönes Lächeln, das mich dahinschmelzen ließ. Wir gingen in den Nebenraum, wo zu meiner Verwunderung eine Luftmatratze lag, welche er umgehend anfing aufzupumpen.

,,Sollen wir das nicht drüben machen, dann ist es leichter zu transportieren?", fragte ich. Er sah mich verwundert an. ,,Aber du schläfst doch hier, so gerne ich auch mit Dir gemeinsam einschlafen möchte, so ist es doch das Beste, wenn wir in getrennten Räumen schlafen. Du weißt schon wegen Aufstehen und Arbeit und so." Gut, wenn er es so wünschte, würde ich mich dem nicht in den Weg stellen und eben in dem Zimmer nebenan auf der Matratze schlafen. Dennoch war ich den Tränen nahe. Ich ging nach nebenan, um meine Sachen zu holen und atmete tief durch; er sollte nicht merken, wie sehr mich das kränkte und verletzte. Zweifel beschlichen mich und ich fragte mich, ob ich etwas falsch gemacht hatte. ,,Ich bin soweit!", hörte ich von drüben und ging hinüber. Als ich hereinkam hatte er zunächst einen kalten Ausdruck in den Augen, den ich noch nie zuvor gesehen hatte, als er mich aber sah, verschwand er. Womöglich hatte ich es mir auch lediglich eingebildet. Zärtlich fasste er mich bei der Hand, zog mich zu sich, um mich zu umarmen und flüsterte mir liebe Dinge zu, die mein Herz höherschlagen ließen. Er küsste mich und verabschiedete sich bis morgen; ich blieb traurig und aufgewühlt zurück.

Zur Ablenkung beschloss ich, mir den Raum genauer anzusehen. Ich stand an der Wand, die mittels einer Tür mit der Toilette und danach mit dem anderen Zimmer, in dem Luke schlief, verbunden war. Die Tür war von der linken Wand Zwei Schritte und von der Rechten Sieben Schritte entfernt. An der linken Wand war ebenfalls eine Tür, die zu dem Flur der Wohnung führte, wo man zum zweiten Bad, der Küche, seinem Zimmer und der Wohnungstür kam. Gegenüber von der Tür war ein Fenster, das mittig dieser Wand war und mehr als die Hälfte der Länge einnahm. Die letzte Wand war wenig spektakulär, an jener lag lediglich mein Bett für die Nacht. Der Mond schien wunderschön in das Zimmer hinein und sorgte für Licht, eine Lampe gab es in diesem Raum gar nicht, was mir erst jetzt auffiel. Der Raum war unaufgeräumt und ein süßlich-fauler Geruch lag in der Luft. Es befanden sich noch ein Wäscheständer mit Socken, dreckig und sauber, im Raum, ein halb aufgebauter Schrank und ein nicht angeschlossener Gefrierschrank, aus dem vermutlich der Geruch kam. Ich fühlte mich so einsam in dem Moment und so unglaublich traurig.

„Er ist ein ziemlicher Vollidiot, der lediglich mit Dir spielt.",
hörte ich Violetta in meinem Kopf. „Nein, ist er nicht und Du
willst es mir nur schlecht reden.", erwiderte ich in Gedanken.
„Ah ja, wenn er Dich so lieben würde, wie Du denkst, warum
hat er dann deinetwegen keinen Urlaub genommen oder
eine doppelte Luftmatratze besorgt oder würde gar sein Bett
mit Dir teilen, hm?"- „Provoziere mich nicht und gönne´ mir
doch einfach mein Glück!" - „Wie Du meinst, stirb halt dumm
und unglücklich."

Sie verzog sich wieder aus meiner Wahrnehmung. Ich war
so wütend auf sie, wieso gönnte sie mir nicht mein Glück und
wieso hatte sie so gar kein Verständnis für ihn und seine
Situation? Schließlich hatte er erst jetzt seinen Einsatz in der
Psychiatrie begonnen, da ist es halt doof, Urlaub zu nehmen,
unausgeschlafen zu sein oder sich gar meinetwegen zu
verlegen. Ich ging ans Fenster, sah zum Mond und dachte
darüber nach, ob er wohl, noch mal herüberkäme, falls er
nicht schlafen könne.

Nach 20 Minuten war ich sicher, dass er nicht mehr käme,
öffnete das Fenster, rauchte eine und suchte Ersatz für die
Nacht, verzog mich ins Innen...

Der Tag

Am nächsten Morgen wurden wir durch etwas Lärm wach. Ich war nicht vorne, bekam das alles aber grob mit. Es war tatsächlich Lara die vorne war und sehr irritiert und ängstlich schien.

„Mach dir keine Sorgen, wir sind in Augsburg bei Luke.", versuchte ich sie zu beruhigen. „Warum das und seit wann? Und was ist hier los?", fragte sie. Sie wusste das mit dem Viele-sein nicht wirklich. Ich schätze, wenn sie wollte, wüsste sie es, aber sie dachte nicht allzu sehr darüber nach, wie es schien. Unruhig lief sie in dem Zimmer von links nach rechts, tigerte einfach umher und atmete schwer. „Soll ich übernehmen?", fragte ich sie. Lara schlug sich an den Kopf, ging in die Hocke und war scheinbar den Tränen nahe. Alles, was ich wollte, war Luke noch zu sehen, bevor er zur Arbeit ging, ihm einen schönen Arbeitstag wünschen und noch 1-2 Küsse bekommen; also tat ich mein Bestes, Lara nach hinten zu drängen. Darin hatte ich zwar kaum Übung, aber da sie so neben sich stand, ging es recht einfach. Kaum war ich vorne stemmte ich den Körper wieder hoch, wischte Tränen vom Gesicht und ging herüber zu Luke.

Zu meiner Enttäuschung war er bereits soweit fertig und

bereits auf dem Sprung. Als er mir sah, sah er zunächst verwundert aus und hatte wieder diesen kalten Blick in den Augen. Diese Ausdrücke legten sich recht schnell, er fragte, warum ich denn auf sei. ,,Ich wollte dir noch einen schönen Arbeitstag wünschen und dich wenigstens noch kurz sehen, bevor du los musst.", ich lächelte ihn an. ,,Das ist wirklich lieb von dir, komm her.", er zog mich sanft zu sich, wir sahen uns tief in die Augen und küssten uns dann. ,,Leider habe ich keine Zeit mehr, ich lass dir den Schlüssel in der Tür stecken, dann kannst du rausgehen, einkaufen, dich umsehen oder so. Ich bin so gegen 18 Uhr wieder da, mach dir einen schönen Tag, mein Schatz.", sagte er, bevor wir uns erneut küssten. Dann ging er los und ich blieb traurig zurück und fühlte mich sehr einsam und allein. Ich legte mich auf sein Bett und genoss den Duft von ihm, welcher in diesem steckte und machte nochmal die Augen zu.

Als ich aufwachte sah ich mich zunächst irritiert um, ich saß auf der Matratze, auf der wir die Nacht geschlafen hatten. Panisch suchte ich unser Handy. Ich ärgerte mich, hatte schon wieder Zeit verloren und konnte nicht mal vom Co aus zusehen. Verdammt, was wenn ich was von der Zeit mit Luke verpasst hatte? Oder wenn Violetta da war und mit ihm einen Streit angefangen hatte? Wenn jemand kleineres da war und sich vor ihm total lächerlich verhalten hatte? Mal wieder könnte ich weinen, wo war das verfluchte Handy nur? Unter der Luftmatratze wurde ich schließlich fündig und stellte zu meiner Erleichterung fest, dass ich lediglich ein paar Stunden verloren hatte. Es war noch immer dasselbe Datum, lediglich schon früher Nachmittag. Erleichtert suchte ich in der Tasche meine Zigaretten raus und rauchte am Fenster eine. Ich überlegte, heute Abend was Leckeres zu kochen, suchte nach einem Rezept und schrieb schon mal eine Einkaufsliste. Als ich soweit war, machte ich mich auf den Weg, einen Supermarkt zu suchen. Das Fenster ließ ich offen, da wir im zweiten Stock waren, also nichts passieren konnte und auch, weil niemand im Außen wusste, dass ich rauchte und es auch ein Geheimnis bleiben sollte.

Ich brauchte verhältnismäßig lange; sowohl der Weg zum Supermarkt verschlang viel Zeit, da ich mich mehrmals umorientieren musste, als auch das Einkaufen an sich dauerte recht lange, da ich nur das Beste holen wollte und mit der Auswahl so lange beschäftigt war. Schließlich war ich aus dem Laden draußen und setzte mich erstmal an den Straßenrand, um noch eine zu rauchen. Die Zigarette genoss ich, der Stress des Einkaufens fiel langsam von mir ab und es würde wohl auch die letzte für diesen Tag sein, da auch Luke nicht wissen sollte, dass ich rauchte. Der Rückweg war ebenfalls etwas tückisch; auf dem Hinweg hatte ich so häufig neue Wege getestet, dass ich den Weg nicht wusste, kam aber gut eine Stunde vor Lukes Feierabend wieder in seiner Wohnung an und machte mich direkt ans Kochen.

Nach etwa 1,5 Stunden kam Luke nach Hause. Ich war super aufgeregt, hatte den Tisch bereits gedeckt und hielt das Essen warm. Wir setzten uns und aßen zusammen. Er erzählte von seiner Arbeit und obwohl ich noch so gerne auf seiner Seite gewesen wäre, missfiel mir die Art, wie er von den Patienten in der Psychiatrie sprach. Sehr abwertend und mit sehr viel Zynismus erzählte er von einer Patientin mit einer Zwangsstörung, die sich immerzu die Hände waschen musste. Als ich ihm sagte, dass ich das sehr unpassend und nicht lustig (respektlos sagen, traute ich mich nicht) fand, wurde er wütend, er bekam einen bösen und giftigen Ausdruck in den Augen und es war, als würde er mich für meine Einstellung hassen. Ich wollte ihn nicht wütend machen oder gar verschrecken und so wechselte ich schnell das Thema. Allerdings fühlte ich mich selbst beleidigt, da wir nun bereits seit einem Jahr in psychotherapeutischer Behandlung, da Lara sich selbst verletzte und abgesehen von Trauma ebenfalls an Depressionen und Essstörung litt, was ich ihm aber nicht erzählte, da ich doch unbedingt wollte, dass er uns beziehungsweise mich mochte und nicht für seltsam hielt. Und ich verheimlichte ihm auch, dass unser gesamter Arm mal wieder mit Schnitten übersäht war, zu sehr schämte ich mich für Laras Verhalten und hätte ihm das auf Nachfrage auch nicht erklären können, schließlich tat ich es nicht, sondern musste lediglich damit herumlaufen. Das Ganze überforderte mich etwas, ich hatte wirklich Angst, dass er es mir übelnahm, dass ich nicht seiner Meinung war. Zunächst aßen wir schweigend weiter, bis ich sagte, dass es erste Mal war, dass ich so einen Gemüse-Reis-Topf gekocht hatte. Kurz angebunden sagte er, dass es dennoch sehr gut schmeckte. Er lächelte, hatte allerdings immer noch diesen kalten Ausdruck in den Augen. Ich war sehr irritiert, da ich es noch immer nicht von ihm kannte beziehungsweise auch nicht zu ihm zählen wollte. Nach dem Essen räumten wir zusammen auf und ich hatte starken Schmacht. Seit Jahren rauchte ich immer nach dem Essen und musste mich nun doch stark zusammennehmen. Ich fragte ihn, was er von Rauchern hielt, weil ich es auch einfach gerne erfahren hätte und einschätzen wollte. „Rauchen ist absoluter Schwachsinn. Es stinkt, ist teuer und vor allem ungesund. Demnach sind Raucher nur dumm und unnötig.", erwiderte er. Als ich sagte, dass es sich um eine Sucht handelt und es ebenfalls für Viele eine Entspannung darstellt, meinte er nur, dass Sucht nur eine einfache Ausrede für ihr dummes Verhalten sei. Unwillkürlich beschlich mich eine tiefe Scham, da er nun mich eigentlich als dumm bezeichnete.

Er wechselte das Thema und schlug vor, den Medicus anzusehen. Den Film kannte ich nicht, war sehr neugierig auf diesen, da er ihn so gut fand. Wir gingen auf sein Bett und machten die DVD auf einem kleinen Fernseher an. Ich kuschelte mich an ihn und war einfach zufrieden.

Als der erste Erkrankte mit seinem Leiden zu sehen war, sagte er, dass er noch vor der Auflösung wusste, was für eine Erkrankung der Patient hatte und fragte, ob ich es wohl auch wisse. Bislang hatte ich lediglich Magenschmerzen als Symptome mitbekommen und sagte schüchtern lächelnd, dass ich wohl noch etwas Zeit bräuchte, um auf die Lösung zu kommen. Er meinte, es sei nicht so schlimm, wenn ich nicht so clever wie er wäre und darauf käme. So schnell fühlte ich mich erneut wie ein kleines Dummchen, wollte ihm nicht zeigen, dass ich Tränen in die Augen bekam und legte meinen Kopf wieder auf seine Brust und versuchte, mich zu beruhigen. *Ein Wunder, wie leicht Du Dich von dem Idioten klein machen lässt,* hörte ich Violetta in meinem Kopf, was mich nur noch trauriger machte. Ich konzentrierte mich auf den Film, um mich irgendwie wieder runterzubekommen. Nach geschätzten zwanzig Minuten tippte er mich an. Als ich ihn ansah, küsste er mich. Ich erwiderte den Kuss und legte dann meinen Kopf zurück. Er legte seine Hand in meinen Nacken und ich sah wieder hinauf und er küsste mich energisch erneut. Ich war überrascht, hatte ich ihn doch eigentlich nie so erlebt. ,,Ich bin nicht dein Teddybär. Ich will mehr als nur kuscheln.", zischte er. Es verunsicherte mich und küsste ihn erneut, was ihn zu besänftigen schien. Nach einigen weiteren Küssen, fragte er, ob er nicht sein Shirt ausziehen sollte. Ich meinte, wenn er das wolle, gerne. Unverzüglich zog er sein Shirt aus und griff an unseres und zog es uns schnell über den Kopf und warf es durch den Raum. Daraufhin drehte er sich zu seinem Nachttisch, zog die Schublade auf und holte eine Packung Kondome raus und sagte, er habe die extra für mich gekauft. ,,Ich bin noch nicht so weit, lass uns lieber warten.", flüsterte ich eingeschüchtert. „Ich bin verdammt nochmal nicht dein Teddybär, stell dich nicht so an!", erwiderte er nur und machte sich daran, unsere Hose zu öffnen. Ich bekam Angst und hätte am liebsten geweint und wäre davongelaufen. Wie gerne hätte ich irgendwen anderes nach vorne gelassen, jemanden, der nichts dagegen hätte mit jemandem intim zu werden, doch wollte zugleich auch nicht, dass jemand meinen Freund anfasst. Ich war überfordert, doch kaum in der Lage, mich auf die Situation zu konzentrieren, so schnell war der Körper nackt und er auch noch lediglich in Boxershorts. Er verlangte, dass ich seine Unterhose auszog. Als ich zögerte, packte er brutal meinen Nacken und meinte, ich solle mich nicht so anstellen, nahm meine Hand und führte sie an seinen Schritt. Noch nie hatte ich einen Penis in der Hand gespurt und war nicht bereit dafür. Den Tränen nahe wendete ich den Blick ab, bis er erneut in den Nacken griff und mich zum Hinsehen zwang. Er zog die Boxershorts aus, die andere Hand noch immer mit festem Griff in unserem Nacken. Mein Impuls war, mich in den Körper zurückzuziehen, um das alles nicht durchstehen zu müssen, doch wollte ich niemanden zwingen, diese Erfahrung zu machen. Ich wusste, worauf es hinauslaufen würde und wir zu schwach waren, es abzuwenden. Um die anderen zu schützen, musste ich dadurch. Im Co-Bewusstsein war gerade ebenfalls niemand mehr, so dass es tatsächlich allein mein Erlebnis werden würde, was ich auch hoffte. Ich hatte Angst und war fassungslos, wie brutal er wurde. Das war nicht der Mann, in den ich mich verliebt hatte, obwohl er so aussah. Mir war klar, dass er es war, obwohl ich es einfach nicht glauben wollte. Während ich mich auf diese Gedanken und das Co-Bewusstsein konzentriert hatte, musste er uns beide komplett ausgezogen haben, außer den BH und wieder auf das Bett gesetzt haben. Als ich mich wieder in der Realität orientieren wollte, nahm ich den rauen Stoff am nackten Po wahr, ich hörte, dass der Film noch lief, doch konnte nichts verstehen und sah wie durch einen Schleier, dass er versuchte, sich ein Kondom überzuziehen. Er schien dabei Probleme zu haben, weshalb ich sagte, wir könnten es ja wann anders probieren, woraufhin er den Druck ums Handgelenk vorerst verstärkte, bevor er uns zurückstieß und beide Hände dafür verwendete. Instinktiv sprang ich auf und wollte in das Nebenzimmer laufen. Sofort machte er einen großen Schritt, schlang einen Arm um unsere Hüfte und warf mich zurück aufs Bett, wobei ich den Kopf an der Wand anstieß. Kurz drehte sich alles. Als ich wieder zu Sinnen kam, legte er sich auf den Körper drauf und drang in ihn ein. Eins, es ist nicht real, Zwei, das passiert alles nicht, Drei, ich will das nicht, Vier, ich will das nicht, Fünf, Sechs, ich will, dass es aufhört, Sieben, Acht, ich will, dass er aufhört. Ich kann nicht mehr mitzählen, mit jedem Stoß wird es realer. Sein Penis verlässt den Körper kurz, ich versuche aufzustehen, will wieder davonlaufen. Er schlägt den Körper; nein, er schlägt mich. Ich falle zurück, seine Arme liegen schwer auf den Schultern, den Schultern des Körpers, quasi meinen Schultern. Es geht weiter, er penetriert, ich schwebe davon, versuche die Tränen zu unterdrücken, habe Angst, dass er wieder wütender wird und brutaler. Gefühlt ging es ewig, real vermutlich nicht so lange. Ich konzentriere mich auf den Fernseher. Es kann eine Blinddarmentzündung sein, die Erkrankung, um die es im Film geht. Banal kommt es mir vor und zugleich ist der Film alles, woran ich denken kann und will. Die Realität darf nicht echt sein, es darf nicht so passieren. Wieder ein Schlag ins Gesicht. „Sieh mich an!", fordert er. Ich will nicht, ein neuer Schlag, ich muss, wenn ich nicht will, dass es schlimmer wird. Pest oder Cholera. Die anderen haben Schmerzempfinden, will nicht, dass sie Gesichts- und Kopfschmerzen haben, sehe ihn an. Ich erkenne ihn nicht, obwohl ich ihn klarsehe.

Das ist alles nicht real, sage ich immer wieder und will noch immer an einen realistischen und doch absurden Alptraum glauben. Irgendwann ist er fertig, er liegt schwer auf mir. Nach einer erneuten Ewigkeit setzt er sich auf, er ist aus der Puste. Ich überlege, was die cleverste Idee ist zu tun. Also setze ich mich auch auf, gebe ihm einen Kuss. Er wirkt abwesend. Langsam geht sein Blick hinunter zu seinem Penis und registriere, dass er bis auf ein rotes Kondom tatsächlich nackt ist. Es muss also passiert sein, oder? Noch immer will ich es nicht glauben, der Körper ist wie betäubt, weit weg, nur der Intimbereich brennt. Ich möchte aufstehen, er fasst den Arm an. Er streichelt den Arm, sagt irgendwas von, dass es schön war. Das Einzige, was ich erwidere ist, es sei mein Erstes Mal gewesen. Nach einem Blick in die Augen sagt er, seins wäre es auch gewesen. Behutsam zieht er mich zurück zu sich und küsst mich. Auch das will ich nun nicht mehr, ich möchte nur weg. ,,Ich bin müde, werde mich wohl mal hinlegen.", sage ich unsicher, während ich noch vor ihm stehe, mit der Front Richtung Tür gedreht. ,,Nein!", zischt er nur und zieht mich zurück. Er zieht mich auf seinen Schoß. Ich bin eine willenlose Marionette, spüre seinen Penis unter mir wieder hart werden. Große Angst beschleicht mich, obwohl mir zugleich alles egal wird. Ich lasse es erneut mit mir geschehen, so habe ich ja doch auch keine Chance dagegen anzukommen und so könnte ich womöglich um die Schläge herumkommen.

Nach einer gefühlten Ewigkeit ist er fertig. Ich darf gehen und machte mich dann daran, möglichst schnell, aber ohne Anzeichen jedweder Hast herüberzukommen.

Ich setzte mich auf die Luftmatratze und starrte einfach vor mich hin. In meinem Kopf war es ruhig, obwohl es sich zugleich alles anfühlte als würde ein Sturm in mir toben. Wie gerne wäre ich duschen gegangen, aber ich wollte nichts tun, was seine Aufmerksamkeit oder seinen Zorn auf mich ziehen könnte. Bei jedem Geräusch aus der Wohnung zuckte ich zusammen. Am liebsten hätte ich geschlafen, um alles zu vergessen, aber dafür war ich einfach zu unruhig. Niedergeschlagenheit bis hin zu einer tiefen Traurigkeit beschlich mich. Für mich war einfach eine Welt zerbrochen, ich konnte das alles nicht verstehen. Wie konnte jemand, der mich wohl liebte und annähernd mein gesamtes Leben da war, so etwas tun? Was, wenn er gelogen hatte und all das schon einmal jemandem angetan hatte? Was wenn jemand aus dem Innen etwas mitbekommen hatte? Sollte ich überhaupt und wenn ja, wem davon erzählen? Und am wichtigsten, wie schaffe ich es möglichst schnell wieder nach Hause zu fahren, ohne von ihm oder jemand anderen zu viele Fragen beantworten zu müssen? Ich musste nachdenken, doch waren in meinem Kopf nur Eindrücke des vorherigen Abends.

Mir ist unklar, wie lange ich so dasaß, aber nachdem ich ihn einige Zeit nicht gehört hatte, ging ich davon aus, dass er schlief und entschied mich trotz des gewissen Risikos eine am Fenster zu rauchen. Völlig konzentrierte ich mich auf das Inhalieren und Ausatmen und versuchte meinen Blick nach Innen zu wenden. Statt Hilfe oder Unterstützung schwammen mir Vorwürfe von Violetta entgegen, da sie der Meinung war, mich ja gewarnt zu haben und er von vornerein kein anständiger Mensch sei, auch wenn er bemüht war, es so wirken zu lassen. Meine Verzweiflung wuchs. Ich konnte nicht mal versprechen, dass er nach dem ersten Mal noch ein Kondom benutzt hatte; mir stiegen die Tränen in die Augen. Was, wenn ich uns allen jetzt noch ein Baby oder irgendeine Krankheit beschert hatte? Wie konnte ich so dumm sein? Um einen längerfristigen Plan zu haben, überlegte ich, einen Frauenarzt in unserem Dorf rauszusuchen und direkt am nächsten Morgen dahingehend alles in die Wege zu leiten. Der Schaden, der auf jeden Fall entstanden ist, sollte der Einzige sein. Zu meinem Schrecken musste ich feststellen, dass das Handy hier nirgendwo zu finden war. Es musste drüben liegen. Bei ihm. Diese Erkenntnis fühlte sich wie ein erneuter Schlag ins Gesicht an. Ich hatte so sehr den Drang, etwas zu tun, um den Schaden des Abends, zu minimieren, aber konnte nicht. Auf keinen Fall konnte ich nun dort rüber schleichen, um unser Handy zu suchen, also musste ich mir einen anderen Plan überlegen. Der Rest des Abends verschwamm vor meinen Augen, ich konnte mich auf nichts konzentrieren, immer wieder kamen diese Eindrücke, spürte ich den starken Griff am Handgelenk oder im Nacken und der Unterleib brannte wie Feuer. Irgendwann muss ich eingeschlafen sein.

Die Flucht

Der nächste Tag war in der Außenwelt-Wahrnehmung sehr kompliziert zu beschreiben. Ich war da und zugleich aber auch gar nicht anwesend. Alles war sehr weit weg und doch zugleich so bedrohlich nah. Ich hörte, dass Luke wach war und ging zu ihm herüber. Nicht, weil ich ihn sehen wollte, sondern, weil ich unser Handy so schnell wie möglich haben wollte. Schnell fasste ich den Entschluss an diesem Tag zu gehen, ich wollte nicht, dass sich der Abend wiederholen würde. So sehr ich anfangs traurig darüber war, dass er arbeiten musste, so froh war ich nun, dass absehbar war, dass er in kürzerer Zeit wegging und ich uns in Sicherheit bringen konnte.

Er begrüßte mich als sei gestern nichts Schlimmes passiert. ,,Hallo, meine Schöne, hast du gut schlafen können?", er zog mich sanft zu sich und gab mir einen Kuss. Schüchtern bejahte ich, doch schaffte es nicht, seinen Kuss so zu erwidern, wie er es vermutlich erwartete. Seine Augen bekamen einen kalten Ausdruck, er fasste fest die Handgelenke und meinte:,, Du solltest Dir möglichst schnell einen Schwangerschaftstest besorgen. Wenn Du schwanger sein solltest, musst Du es loswerden. Ich werde nichts dafür zahlen und keine Verantwortung übernehmen. Das ist völlig und allein Dein Problem." Zu meiner eigenen Überraschung nahm ich es keineswegs negativ aus. Jedenfalls nicht, dass er, wenn, nichts damit zu tun haben wollte. Aber der Gedanke daran, einen kleinen Menschen zu entwickeln, der womöglich wie er würde, ließ mich übel aufstoßen. Ich versuchte, mich zusammenzunehmen und ihm meinen Ekel und die Angst vor ihm nicht anmerken zu lassen. Irgendetwas sagte er noch, allerdings war ich zu sehr damit beschäftigt, den Raum mit den Augen nach dem Handy zu durchkämmen. Als ich es schließlich auf dem Schreibtisch erblicken konnte, wollte ich es nur noch haben, aber musste mich unauffällig verhalten. „Du musst Dich heute hier alleine beschäftigen, ich will nicht, dass Du rausgehst. Dir soll ja nichts passieren, also wirst Du wohl hierbleiben müssen.", sagte er energisch. „Ich würde sehr gerne heute spazieren gehen oder meine entfernte Verwandtschaft besuchen, mir wird nichts passieren.", erwiderte nicht. „Nein, Du gehst die nächsten Tage nicht raus, Du bleibst hier!". Wieder fasste er die Handgelenke brutal an und schüttelte uns. „Sieh mich gefälligst an, wenn ich mit Dir rede.". vorsichtig hob ich den Blick und schaute in seine blauen Augen. Augen, die zuvor immer so warm und weich waren und nun aber wiederum diesen kalten und harten Ausdruck hatten, deren Kälte mir einen Schauer über den Rücken jagten. Ich musste mich konzentrieren, denn mir war klar, ich würde verschwinden müssen, egal, wie und was er sich einfallen lassen würde. Also zwang ich mir ein Lächeln ab, zog langsam die rechte Hand aus seinem Griff, strich ihm über die Wange und sagte ihm, dass ich alles tun würde, was ihn glücklich machte und versuchte ihm möglichst zärtlich einen Kuss zu geben. Scheinbar war mein Schauspiel ausreichend, er löste seinen Griff um das Handgelenk und ging an uns vorbei, um seine Sachen aufzuheben. Gedankenlos ging ich einen Schritt vor und steckte unser Handy schnell in die Hosentasche. Er bemerkte es wohl nicht, drehte sich wieder zu mir um und meinte er müsse nun losgehen. Ich wünschte ihm einen schönen Arbeitstag und lehnte mich zu einem erneuten Kuss herüber. Der Kuss war sehr zärtlich, doch egal, wie zärtlich und liebevoll er bei diesem war, direkt danach wurde er wieder brutal, legte seinen Arm hinter den Rücken und führte beziehungsweise stieß uns schon fast in den Flur zum Nebenzimmer. Die Tür fiel zu, das Schloss schnappte. Kurze Zeit später hörte ich auch einen Schlüssel in der anderen Tür zum Wohnungsflur. Vermutlich waren wir eingeschlossen. Es Ausprobieren wollte ich erst, wenn ich sicher war, dass er weg war. Die Wohnungstür fiel ins Schloss, ich blieb noch stehen und zählte langsam bis 150, dann versuchte ich mein Glück an den Türen. Sie waren beide verschlossen, wir, nein ich, war eingesperrt. Mir war klar, dass ich einige Stunden Zeit hatte, zu überlegen, was ich tun wollte, also ging ich zunächst zu der Luftmatratze, setzte mich und legte das Handy auf den Boden. Mein Zeitgefühl war eigentlich gar nicht vorhanden. Saß ich Stunden, Minuten dort? Wer war im Co dabei? Nichts konnte ich wirklich wahrnehmen, weder Innen noch Außen, alles war betäubt und viel zu weit weg. Irgendwann beschloss ich erstmal Duschen zu gehen. In meinem Verlies hatte ich immerhin das Badezimmer und diesen kleinen Raum mit der Luftmatratze und dem süßlich-schimmelnden Geruch, den dreckigen Socken auf dem Boden, das große Fenster aus dem kühle Luft und Vogelzwitschern herein drang. Vogelzwitschern verband ich immer mit positiven Frühlingseindrücken und nun fühlte es sich an als würde ich davon verspottet. Wie konnte so vieles, was für mich immer gut war, wie die Sonne oder die Vögel, ausgerechnet jetzt da sein? Es passte nicht, die ganze Welt passte nicht mehr zusammen. Es konnte nicht sein, dass mir so etwas passiert war, etwas, was ich nicht richtig greifen konnte, sich so schrecklich anfühlte in einer Welt, die sonst so viel Schönes für mich geboten hatte. Ich ging duschen, wie ein Roboter, die Wahrnehmung noch immer weit weg. Zu gerne würde ich mich ins Innen zurückziehen, aber das wäre falsch; es war mein Problem, ich hatte uns in diese Lage gebracht und mich jetzt zurückziehen und jemand anderen durch diese Angst und das Eingesperrt Sein gehen zu lassen, wäre nicht fair. Violetta hatte recht, ich war naiv, blind. Noch nie hatte ich ihr so stark recht gegeben und noch nie wünschte ich, ihre Stärke zu spüren, ihre Ideen, sich aus brenzligen Situationen zu erretten. Ich war auf sie angewiesen, doch schämte mich zugleich so sehr für meine Naivität. Die Haut war bereits rot, unbewusst hatte ich unter der Dusche die ganze Zeit den Körper geschrubbt, doch ohne auch nur irgendetwas zu spüren. Die Welt ging immer weiter weg und schließlich wurde es schwarz.

Auf der Luftmatratze sitzend nahm ich die ersten Eindrücke wieder auf. Jemand hatte uns angezogen und scheinbar lediglich auf die Matratze gesetzt. Unsere Haare waren bereits halbwegs trocken, es musste in etwa 1-1,5 Stunden vergangen sein. Ich war im Co, Lara war vorne. Sie schien desorientiert, verwirrt. Mir war nicht klar, ob sie wusste, dass wir eingesperrt waren. Mein Fluchtinstinkt wurde sofort sehr stark, ich schrie Lara an, dass wir gehen müssten, möglichst schnell. Durch meine Panik angesteckt, sprang sie auf und lief zu der ersten Tür, sie zog am Griff, rüttelte an der Tür. Nichts passierte, die Tür war noch immer verschlossen. Sie machte auf dem Absatz kehrt und lief durch den kleinen Durchgang zu der anderen Tür und versuchte auch diese zu öffnen. Ebenfalls ohne Resultat. Ich spürte, dass sie immer ängstlicher wurde, dass meine Panik auf sie übersprang. Wir waren beide wie gejagte Tiere, sie lief von Tür zu Tür und ich weinte und war kurz davor zu schreien. Violetta schaltete sich ein und ermahnte uns zur Ruhe. Es fühlte sich seltsam an, es war als wären wir alle Drei vorne und doch keiner so richtig. Ich bin noch immer nicht sicher, wer im Endeffekt die Handlung übernahm. Mehr als zusehen und weinen konnte ich nicht. Der Körper sammelte alle Sachen zusammen, wir gingen ans Fenster und blickten hinab. Wir waren im zweiten Stock, unter uns ein Abhang, also gefühlt waren es eher drei Stockwerke. Der Kopf drehte nach links und man konnte ein Vordach sehen, eines, das lediglich aus Metallstreben bestand. Es gab keine richtige Fläche, was mir seltsam amüsant vorkam, da es als Dach keinerlei Funktion erfüllen konnte. Noch während ich darüber nachdachte, bewegte sich der Körper, nahm unsere Tasche hoch und schleuderte sie hinab. Ab jetzt gab es kein Zurück mehr; Luke würde so oder so wissen, dass wir fliehen wollten, also müssten wir es durchziehen. Ich blickte hinab, sah einen Busch, welcher mit einem Sprung erreichbar schien. Selbst, wenn wir uns das Bein brechen würden, wäre es besser, als hier zu bleiben. Und das Krankenhaus war ja auch nebenan. Es musste sein, wir brauchten den Mut, es durchzuziehen, egal wie. Erst da registrierte ich, dass ich dauerhaft Sirenen hörte, auch wo keine waren. Unklar, warum das ausgerechnet jetzt kam, merkte ich, dass dauerhaft in meinem Kopf das Not Horn schellte. So paradox, ich war einerseits voll im Außen, aber auch gar nicht. Violetta, Lara und ich wussten alle, wir musste springen. Springen auf die Gefahr hin, dass irgendetwas passiert, dass wir den Körper ernsthaft verletzten. Aber es war besser eine eventuelle Verletzung in Kauf zu nehmen als die hohe Wahrscheinlichkeit, dass Luke erneut tobte und uns etwas tat. Der Sprung fühlte sich sehr lange an. Es war ein schönes Gefühl zu fliegen und insgeheim hoffte ich, dass der Körper einen Schaden nahm. Ich wusste nicht, warum, aber ich wollte, dass der Körper für den gestrigen Abend bestraft wurde. Vielleicht, weil das für mich wie eine Rache an Luke war, schließlich nahm er den Körper ein, als sei er nun seiner. Von dort an hatte ich erstmal eine ganz andere Beziehung zu dem Uns und dem Körper. Ab dem Aufprall setzte es erstmal wieder aus.

Als ich wieder in die äußere Wahrnehmung zurückkam, saßen wir im Auto auf der Autobahn. Es war später Nachmittag, ich hatte wieder den gesamten Mittag und frühen Nachmittag verpasst. Wir waren fast Zuhause, sollten noch lediglich eine halbe Stunde fahren. Der Körper war taub, es lief ein Automodus, ich dachte gar nicht über die Fahrt nach. Ich war alleine im Körper und fragte mich, wie ich so plötzlich ins Außen kam. Entgegen jeder Gewohnheit übersprang ich das Co-Bewusstsein. Die halbe Stunde verflog und wir waren bei den Eltern Zuhause. Auf die Frage, warum wir so früh zurück sein, erzählte ich etwas von schimmeligem Käse im Kühlschrank und dass er nur bei der Arbeit war gedanklich. Ich wollte nichts vom vorherigen Abend erzählen, kam mir das alles doch einfach erfunden vor. Nichts dahingehend konnte real sein, es war lediglich eine Ausgeburt meiner Fantasie. Gegen 20 Uhr war ich in unserer Wohnung zurück. Wie ich mich fühlte, kann ich nicht wirklich beschreiben, alles war betäubt. Das Handy zeigte eine Nachricht von Luke an. Er fragte, wo ich den Schlüssel hingetan hatte. Hatte ich überhaupt einen Schlüssel? Ich war sicher, dass nicht. Ich antwortete, ich hätte ihn nicht weggeräumt, woraufhin er schrieb, er habe ihn in der Schublade im Wohnungsflur gefunden. Dort kam ich nicht hin, oder? War das alles womöglich tatsächlich nur eine seltsame Erfindung von mir? Hatte ich Luke gesagt, dass ich Heim fahren würde? Hatte jemand anderes von uns noch Kontakt zu ihm, bevor wir uns auf den Rückweg machten? Das alles ergab keinen Sinn. Ich wollte die Wahrheit wissen, nahm eine Kamera aus dem Flurschrank und zog den Körper bis auf die Unterwäsche aus. Als ich den fast nackten Körper erblickte empfand ich tiefen Ekel und Hass. Brennenden Hass, ich wollte den Körper zerstören, ihn am liebsten töten. Wo kamen diese Gefühle her, wenn alles nur meiner Vorstellung entsprang? Und wieso war das alles entgegen meiner Meinung von Luke? Hätte ich nicht noch alles rosarot sehen sollen? Das erschien mir sinniger. Ich fokussierte mich nach Außen, auf den Körper. Mit der Kamera nahm ich von allen Körperteilen Fotos auf, ohne das Gesicht. Ich sah die Bilder an, sah blaue Flecken an den

Handgelenken, dem Nacken, dem Rücken. Schürfwunden an den Beinen, blaue Flecken an den Innenseiten der Oberschenkel. Der Körper sprach dafür, dass das alles real gewesen ist, mein Denken wollte es nicht annehmen. Mir war klar, dass ich mir selbst all das glauben musste, dass ich nicht verrückt wurde. Die nächsten zwei Wochen zog ich mich ins Innen zurück, ich musste das alles verdauen.

Nach zwei Wochen war Luke bei seiner Familie in unserem Dorf. Wir fuhren zu ihm, mir war schlecht. Das erste Mal wieder im Außen, das erste Mal ihm wieder gegenübertreten. Ich blieb im Co, Lara machte die Fahrt und war denn weg. Violetta übernahm. Sie machte Schluss mit Luke, verlangte sein Handy, löschte unsere Nummer und fauchte ihn an, dass er sich nie wieder melden sollte. Er schien schockiert, jagte uns aus dem Haus, drohte uns mit der Polizei. Irgendwo war die gesamte Situation komisch, so verkehrt herum. Er hasste uns, weil er uns nicht missbrauchen durfte? Ja, missbrauchen, mittlerweile war ich mir sicher, dass es das war. Ein Missbrauch. Es ist schwierig zu akzeptieren, ich wurde missbraucht, von einer Person, der ich zutiefst vertraut, die ich geliebt hatte. Der Schmerz und die Erschütterung saßen tief. Wir fuhren nach Hause.

Das Leben danach

Die Wochen danach waren anstrengend, die Erinnerungen hingen nach, aber ich wollte nicht, dass jemand etwas merkte. Ich hatte Angst, die Wahrheit zu sagen, die mir so absurd brutal vorkam, hatte Angst, als Lügnerin dar zustehen. Die Wunden des Körpers waren mittlerweile verheilt, aber psychisch ging es mir immer schlechter. Es gab niemanden, mit dem ich das teilen konnte oder wollte, weder im Außen noch im Innen. Im Außen war es einfach unmöglich, im Innen schämte ich mich, dieses allen angetan zu haben. Eines Tages war ich bei Laras Therapeutin da. Frau Müller merkte, dass etwas war, aber auch ihr konnte ich nichts erzählen. Alles, was ich konnte, war ihr zu sagen, dass mit Luke Schluss war, weil der Besuch nicht gut verlief. Auch auf Nachfrage, sagte ich ihr nichts.

Laras Stimmung wurde immerzu durch meine getrübt, sie konzentrierte sich auf die Schule und die Leistungen, um diesem zu entkommen. Es tat mir leid, dass es ihr so schlecht ging, ohne, dass sie wusste, warum. Wenn sie vorne und ich im Co war, kam es sehr häufig wieder zu Selbstverletzungen. Sie wusste nie, warum sie das tat und mir reichte es nicht. Ich wollte nicht nur Schnitte, ich wollte

Krater, ich wollte, dass der Körper schrecklich hässlich und kaputt würde. Aber ich wollte Lara auch nicht dazu zwingen. Wenn ich im Innen in meinem Zimmer war, versuchte ich auf verschiedene Arten, mein Leben zu beenden. Ich schnitt die Pulsadern auf, ich hängte mich auf, nahm viele Tabletten, aber stellte fest, dass ich mich selbst im Innen nicht töten konnte. Es war schrecklich, mit jedem Versuch wurde mein Todeswunsch größer, die Erinnerungen schmerzlicher. Alles geschah im Oktober; seitdem hasse ich den Oktober, kann keine Krankenwagensirenen ertragen, hatte keine Verbindung mehr zu den anderen. Ich fühlte mich schlecht, sehr schlecht, mir wurde alles egal. Im November, als ich im Außen war, konnte ich nicht mal mehr an die anderen denken, die noch leben wollten, alles, was in meinem Kopf war, war der Tod als Erlösung. Mit einem absoluten Tunnelblick suchte ich ein Bastelskalpell heraus und schnitt in das linke Handgelenk. Aber ich kam nicht tief genug, immer wieder fuhr ich darüber, aber die Ader konnte ich nicht öffnen. Ich fing furchtbar an zu weinen, ging zum Medikamentenschrank und nahm 1,5 Packungen Paracetamol ein. Es schmeckte bitter, mir wurde übel und nach kurzer Zeit schwindelig, ich hatte Durst, doch verbot mir das Trinken. Das Gift sollte nicht verdünnt werden.

Dieser Körper, das ekelhafte, dreckige Ding musste sterben und ich hoffentlich mit ihm. Ich legte uns schlafen. Die Nacht war unruhig, mir war sehr übel, der Magen schmerzte, der Arm brannte, ich weinte, sehr viel. Niemand war erreichbar, niemand konnte uns retten, weshalb ich mich bestärkt fühlte, es schien auch für die anderen okay zu sterben. Im Nachhinein ist mir klar, dass die Abwesenheit der anderen keine Zustimmung war, in diesem Moment aber gab es für mich nur den Wunsch, zu sterben. Am nächsten Tage wachte ich auf. Der Körper war grausam schwer und fühlte sich schrecklich schlapp an. Ich lebte, der Körper lebte. Es war so schlimm für mich, ich musste erneut die Tränen zurückhalten. Auch wenn der Magen noch brannte und der Körper offensichtlich stark gegen das Gift kämpfte, reichte es mir nicht, ich wollte nicht, dass er kämpft, er sollte dem erliegen. Da ich nicht mehr dachte, mich erlösen zu können, machte ich uns für die Schule fertig. Wir hatten Chemie in der ersten Stunde. Der Unterricht lief an mir vorbei, mir ging es physisch und psychisch schlecht, unsere Lehrerin wollte mit mir reden, ich ging einfach weg. Neun Stunden Schule, ohne etwas aufzunehmen, an keinen Gesprächen teilzunehmen und mich konzentrieren, nicht umzukippen oder zu übergeben. Nach der Schule gaben wir Nachhilfe beim Nachbarskind. Plötzlich kam das schreckliche Körpergefühl, wir zitterten, kalter Schweiß, mir wurde übel. Ich sagte der Mutter, ich müsse gehen, mir ginge es nicht gut. Es war okay, sie brachte mich zur Tür, ich klappte zusammen, war wohl über eine Minute bewusstlos. Der Vater kam rüber, sie halfen uns hoch, ich erzählte, nichts gegessen zu haben und mich den Tag über bereits komisch gefühlt zu haben. Er brachte uns zu seinem Hausarzt, welcher den Blutdruck maß. Der Arzt wollte Blut abnehmen, was ich vehement verneinte, aus Angst, dass die Überdosis rauskam. Ich vertröstete ihn, dass unsere Ärztin am nächsten Tag aufgesucht würde zur Untersuchung. Der Ärztin am nächsten Tag erzählte ich die Wahrheit ebenfalls nicht. Wir überlebten meinen Suizidversuch und fielen nicht auf, da junge Erwachsene öfter mal Blutdruckabfälle haben können.

Von da an verletzte ich den Körper immer, wenn ich da war und trank Alkohol, egal zu welcher Tageszeit. Ich wollte meine Außenzeit klein halten, schaffte es aber nicht. Lara ging es auch schlechter, ich weiß nicht, ob von mir aus oder nur von sich allein aus. Auch sie schnitt sich regelmäßig, der Körper bestand förmlich aus Wunden, wir schwänzten immer wieder den Sportunterricht und hatten lediglich Glück damit, dass der Lehrer nur ab und zu das Gespräch zu uns suchte und meinte, wir müssten unseren Lebensstyl gesünder gestalten, damit wir weniger krank würden. Niemand bemerkte, wie sehr es bergab ab. Es kamen die Weihnachtsferien. Das bisschen Struktur durch die Schule fiel weg, wir tranken, schnitten und lagen viel im Bett. Lara wurde suizidal, erzählte Frau Müller davon, nicht zu wissen, die Kontrolle noch halten zu können und so brachte Frau Müller uns in die Klinik, wo eine Ärztin die Eltern über den Aufenthalt unterrichtete. Wir waren in der Geschlossenen und wurden mit Medikamenten stark sediert.

Nach einer Woche kamen wir auf die offene Therapiestation. Alle fragten, warum es uns so schlecht ginge, Lara wusste nichts, ich sagte nichts. Irgendwann gab ich einen Zettel ab, auf dem stand, dass ich ebenfalls in dem Körper lebe und es etwas mit dem Exfreund gab, was ich besprechen müsste. Lara wurde darauf angesprochen und sagte ehrlich, dass sie sich nicht erinnere, die dissoziative Identitätsstörung war auf der Station nicht bekannt. Ich war noch immer allein mit dem Erlebten. Auf die Frage, ob ich Traumata erlebt hatte, sagte ich immerzu, ich wisse es nicht. Ich wusste nicht, ob das als Trauma ausreichte oder ob ich es lediglich viel zu schlimm aufgenommen hatte. Es war nicht der Traum vom ersten Mal, es war gewalttätig und aus Angst sind wir aus dem Fenster des zweiten Stocks gesprungen, aber ein Trauma? Schließlich hätte auch noch etwas schlimmeres passieren können, also war es ein Trauma? Nichts von all dem konnte ich jemandem erzählen und wir wurden mit Medikamenten sediert entlassen, da sie uns nicht helfen konnten, schließlich erzählten wir nichts.

Laras Essstörung wurde schlimmer, sie erbrach mehrmals am Tag und aß zuvor sehr viel. Das Bild einer Bulimie bildete sich komplett ab, sie litt darunter. Der Vater überzeugte sie, eine geplante stationäre Therapie zu machen, was sie auch tat. Die Klinik war ein Stück weiter weg, aber sie war gut. Ich sagte dem Therapeuten, dass ich nicht Lara sei, was er scheinbar auch nicht richtig verstand, aber weitertrug. Die Diagnose der dissoziativen Identitätsstörung stand im Raum. Lara verneinte alles dahingehend, sie brauchte noch ein Jahr nach der unregelmäßigen Anbindung an die Klinik, gab sie zu, Stimmen zu hören und auch, dass wir Namen haben. Es bestand eine Verbindung zum Jugendamt, wir konnten nicht mehr allein wohnen, aber wollten auch nicht zu den Eltern zurück und somit zogen wir in eine WG, welche von der Jugendhilfe bezahlt wurde. Wir brauchten eine dauerhafte Betreuung, um uns nicht in Gefahr zu bringen.

Die Bulimie und die Selbstverletzungen besserten sich, der Alkoholkonsum wurde schlimmer. Lara und Violetta tranken jeden Tag, selbst in der Schule, ich kam kaum nach vorne. Was ich zuvor gewünscht hatte, war nun wiederum schwer zu ertragen, da ich nun nicht mehr wollte, dass der Körper aufgibt. Meine Suizidalität war zurückgegangen. Also ich wollte sterben, aber nicht, dass auch alle anderen sterben mussetn, nur weil es mir schlecht ging. Lara und Violetta schadeten dem Körper, nahmen Tabletten, Marihuana, Speed und Alkohol, wir waren nie ohne Substanzen unterwegs. Ich kam nicht mehr nach vorne und bereits im Co war mir immerzu schwindelig. Violetta nutzte Laras wackelige Einstellung für ihren Konsum aus, während Lara noch immer nicht wirklich wusste, dass wir nicht nur Stimmen, sondern einzelne Personen sind. Wir musste mehrmals zum Entzug, der Körper war abhängig und wir mussten noch irgendwie unseren Abschluss schaffen. Entzügig oder betrunken machten wir unser Abitur, waren bekifft und waren bei den Prüfungen selbst kaum in der Lage richtig zu denken. Dennoch erreichten wir einen Schnitt von 1,9 und machten dann zunächst berufliche Pause und besprachen mit dem Jugendamt, dass wir vorerst nochmal stationäre Therapie machen würden. Es wurde weiterhin jeden Tag konsumiert, außer wir waren in der Klinik. Die Therapie-Klinik verlangte Abstinenz, es folgte ein Wechsel zwischen Konsum, Abstinenz, Entzug, schließlich schafften wir es, nicht zu konsumieren und nicht entzügig in die Klinik zu kommen. Der Konsum kurz zuvor wurde verheimlicht, konnte aber auch nicht nachgewiesen werden.

Ein Weg zurück ins Leben?

Dieser Klinikaufenthalt sollte einiges verändern. Wir integrierten uns gut, das Viele-Sein fiel kaum auf. Lara kam mehr in die Realität, erkannte, dass bereits drei Jahre vergangen waren, in denen sie sich und uns somit auch dauerhaft betäubte und sich lediglich auf Selbstzerstörung konzentriert hatte. Wir lernten Ruby kennen, welche ebenfalls eine dissoziative Identitätsstörung hatte. Ruby wechselte regelmäßig und es war unter den Mitpatienten bekannt. Es schien mir wie ein Lichtblick, da alle Leute dort ihr zu glauben schienen und sie offen mit ihren vielen Anteilen umgehen konnte. Ein wenig war ich neidisch und zeigte mich nach ein paar Wochen offen bei unserer behandelnden Therapeutin, welche mich aber leider nicht verstanden hatte und unsere Themenwechsel kritisierte. Sehr enttäuscht wagte ich keinen Versuch mehr dahingehend, Lara verstand das mit den ganzen Wechseln noch immer nicht. Ich war sehr traurig darüber, dass sogar Menschen, die prinzipiell an multiple Persönlichkeiten glaubten, mich nicht sahen und die DIS bei uns völlig unterging. Ruby und Lara kamen durch einen schrägen Zufall zusammen, bei dem Ruby sagte, dass sie auf Lara stehe und Lara dann zugab, dass es andersherum ebenso war. Die beiden wurden ein Paar und sind es nun, erneut drei Jahre später noch immer. Durch Ruby erkannte Lara, dass sie ebenfalls eine DIS hatte und geriet in eben dieser Klinik schließlich auch an einen Therapeuten, der uns sah. Er brachte Lara bei mit uns zu kommunizieren und uns Raum zu schaffen im Alltag.

Nach einem Monat als die beiden zusammen waren verstarb Laras Vater sehr überraschend. Es war schrecklich für sie und einige von uns, da Martin ein starker Unterstützer war; einige Kinder, insbesondere Cara jüngerte von Acht auf Fünf und brachte unser System durcheinander. Aber auch damit lernte Lara umzugehen. Mittlerweile können wir untereinander vieles besprechen, in Konferenzen planen und schaffen es, weitgehend ein normales Leben zu führen. Es gibt selten noch „Ausbrüche" bei denen jemand, ohne, dass auch nur irgendeiner von uns etwas mitbekommt, handelt und wir können einen Alltag strukturieren. Wir sind zwar arbeitssuchend, da wir ein Studium zwar begonnen, aber nicht geschafft haben, aber können in der Zwischenzeit jobben, ein Pferd versorgen und uns um Bewerbungen und ähnliches kümmern. Wir leben mit Ruby und Co zusammen und auch unter den einzelnen Anteilen haben sich Freundschaften gebildet. Ich habe noch nie über das Erlebte mit Luke gesprochen und leide jeden Oktober, aber ich fühle mich nicht mehr allein gelassen oder gar schuldig. Mittlerweile habe ich verstanden, dass er sich nicht richtig verhalten hat und es nicht fair war, dass er meine Welt so erschüttert hat und die Gelegenheit auf eine normale Sexualität und schöne Erfahrungen dahingehend genommen hat. Aber mir fehlt es nicht. Im Gegenteil bin ich einfach glücklich über unser Zusammenleben mit Ruby und Co und freue mich so sehr, dass Lara und Ruby sich gefunden haben. Ich habe auch keinen Wunsch mehr, den Körper zu strafen und zu zerstören, eben weil ich die Erkenntnisse gewonnen habe und auch den anderen keine Schmerzen zufügen will. Lara muss ihren bulimischen Impulsen nicht mehr folgen und schafft es trotz all der negativen Gedanken ein halbwegs stabiles Gewicht zu halten. Auch die Selbstverletzungen sind deutlich seltener geworden und sie geht, wenn es passiert, vernünftig damit um, lässt es ärztlich versorgen und nimmt es ernst. Was leider noch Probleme macht ist der Konsum, da dahingehend aber auch mehrere tätig sind. Violetta trinkt noch immer super viel und raucht Cannabis, aber mit Medikamenten und anderen Drogen experimentiert sie auch nicht mehr rum, also ist es aushaltbar. Ich kann nur den

Oktober und häufig den November nicht nüchtern überstehen, aber auch was Konsum angeht, können wir uns untereinander einigen, so dass wir um erneute Entzüge aktuell gut herumkommen. Insgesamt finde ich unsere Entwicklung positiv und auch wenn diese ganze Situation mich sehr belastet, ist es okay, dass mir so etwas passiert ist. So verstehe ich unsere anderen, zum Teil sehr traumatisierten Anteile deutlich besser. Was unsere Zukunft birgt, ist zwar unklar, aber ich denke, wir schaffen es als Team.

Zeitfracht Medien GmbH
Ferdinand-Jühlke-Straße 7
99095 Erfurt, Deutschland
produktsicherheit@kolibri360.de